LE GUIDE ILLUSTRÉ DE L'AUTODISCIPLINE

50 habitudes pour parvenir à une meilleure
maîtrise de soi, réussite et satisfaction
dans la vie

Par Martin Meadows

TABLE DES MATIÈRES

PROLOGUE

Ceci n'est pas un énième livre sur le développement personnel.

Il ne s'agit pas de le lire une fois, puis le ranger sur une étagère. En réalité, il a été conçu pour t'inspirer quotidiennement, pour te montrer de façon divertissante et vivante comment t'entraîner à avoir plus d'autodiscipline grâce à des habitudes efficaces que tu peux adopter dès maintenant.

Tu remarqueras que dans chaque illustration se trouve un chat ou un chien. Les animaux domestiques sont sympas, mais ce n'est pas pour ça qu'ils sont dans ce livre. Leur rôle ici est de symboliser la vie quotidienne.

Le chat symbolise ce qui est pragmatique ou difficile. Il symbolise les obstacles ; les gens qui se moquent de tes efforts, qui ne croient pas en toi ou qui projettent sur toi leurs propres convictions étriquées. Il représente également les problèmes courants de la vie quotidienne (je m'excuse auprès des amis des chats, mais le chien ne convenait pas du tout pour ce rôle.)

IlLe chien symbolise l'enthousiasme, l'inspiration et l'énergie. Il symbolise les moments où tout va bien, où tu es au meilleur de ta forme, motivé, et où les autres partagent ta vision et te soutiennent.

Nos vies imparfaites sont constituées d'une alternance de moments « chat » et de moments « chien » : les hauts et les bas, les succès et les échecs, les moments inoubliables et la routine quotidienne. Et dans ce contexte fluctuant, tu dois faire preuve chaque jour d'autodiscipline, car c'est par cette volonté d'aller vers la réussite et l'épanouissement que tu changeras ta vie.

Avant de tourner la page, une dernière chose... Fais-toi la promesse d'essayer au moins 10 des habitudes présentées dans ce livre.

Lorsque tu t'entraînes avec un coach sportif, tu ne passes pas ton temps à discuter. Tu fais les exercices et tu suis ses recommandations alimentaires.

Tu dois faire la même chose avec ce livre. Choisis une habitude et suis-la pendant quelques semaines. Si tu es content des bénéfices qu'elle t'apporte, adopte-la, puis choisis-en une autre sur laquelle travailler

Parles-en à ton médecin avant d'essayer certaines des habitudes décrites dans ce livre. La sécurité doit toujours rester ton souci numéro un. Je ne suis PAS un médecin, un psychothérapeute ou tout autre expert agréé. Toutes les habitudes ne sont présentées que dans le but d'informer et de motiver.

HABITUDE Nº 1 : L'HABITUDE QUI RÉGIT TOUTES LES AUTRES. FAIS UN SUIVI DE TES HABITUDES.

Les autres habitudes dont je vais parler dans ce livre sont comme un buffet : tu choisis les plats que tu veux sans ordre particulier. Mais cette habitude première correspond au prix du repas : tu dois payer si tu veux profiter des entrées, plats et desserts proposés.

Crée-toi une méthode de suivi des habitudes qui précise ce que tu vas faire et à quelle fréquence. Ne te contente pas de faire le suivi dans ta tête. Si tes habitudes ne sont pas écrites, elles ne sembleront pas réelles. Je ne saurais trop insister sur ce point : tu as absolument besoin d'un outil de suivi pour t'aider à mettre en place de nouvelles habitudes.

Pas besoin que ta méthode soit compliquée. J'utilise simplement un tableau Excel et je coche une case en mettant un « x » chaque jour quand je pratique une habitude quotidienne et chaque semaine quand je pratique une habitude hebdomadaire. Tu peux utiliser une appli sur ton téléphone ou un bon vieux carnet de notes. Quel que soit l'outil choisi, utilise-le chaque jour.

Décris ton habitude en termes spécifiques et mesurables, par exemple : « Je fais un jogging de 30 minutes trois fois par semaine » ou « J'économise 50 euros par semaine ».

SUIVI DES HABITUDES
LUNDI
MARDI
MERCREDI
JOURN E DES PROTEINES
DOUCHE FROID
DOUCHE FROIDE
COURIR 30 MIN
JEUDI
VENDREDI
SAMEDI
JOURN E DES PROTEINES
JOURN E DES PROTEINES
COURIR 30 MIN
DOUCHE FROIDE

HABITUDE No 2 : SE PRÉPARER. ADOPTE UN RITUEL DU MATIN.

Un rituel matinal est une routine que tu pratiques tous les matins pour t'aider à bien commencer la journée. *Le but est de booster ton énergie, t'inspirer et te préparer aux tâches qui t'attendent.*

Il peut s'agir d'un exercice physique (des pompes, des sauts, des squats, des burpees, tout ce qui améliore la circulation sanguine), d'un exercice de respiration, de planifier tes tâches prioritaires, de visualiser le bon déroulement des activités du jour, d'exprimer ta gratitude et revoir tes projets à long terme.

Choisis ta méthode, mais assure-toi qu'elle conditionne ton esprit à être positif, discipliné et axé sur les résultats.

HABITUDE No 3 : SE MODÉRER OU S'ABSTENIR. IDENTIFIE TON TYPE D'AUTODISCIPLINE.

Pour l'auteure à succès Gretchen Rubin, il existe deux types d'individus : ceux qui se modèrent et ceux qui s'abstiennent. Les modérés suivent mieux leurs résolutions quand ils s'autorisent un écart occasionnel. En revanche, les abstinents préfèrent tenir leurs engagements à 100 %, sans faire d'exception, car ils sont incapables de se modérer.

Par exemple, si tu veux perdre du poids, mais que tu sais que manger une seule boule de glace te poussera à dévorer tout le pot, alors tu devrais suivre la stratégie des abstinents. La glace doit disparaître de ton alimentation, sans faire d'exception.

Mais si le fait de ne plus pouvoir manger une boule de glace de temps en temps te rend dingue (et qu'il s'agit en toute bonne foi d'une seule boule tous les quinze jours), alors tu fais partie des modérés. Dans ce cas, tu as besoin de t'accorder ce petit plaisir pour tenir tes résolutions.

Quand tu adoptes une nouvelle habitude, identifie d'abord l'approche qui te convient le mieux et les règles qui t'aideront à la tenir. Tout comme l'habitude de faire un suivi, celle-ci est une autre métahabitude qui t'aidera à adopter avec succès de nouvelles routines.

HABITUDE No 4 : GARDER SON CALME ET SON SANG-FROID. ACCEPTE LES DÉSAGRÉMENTS.

Lorsque tu te trouves dans une situation désagréable, au lieu d'être contrarié, pense plutôt : « Génial ! C'est l'occasion de... » et vois le bon côté des choses. *En gardant ton calme et ton sang-froid face à un désagrément, tu développeras la capacité à rester discipliné sous pression.*

Par exemple, quand tu es dans une file d'attente interminable, dis-toi : « Génial ! C'est l'occasion de travailler sur ma patience. » Si tu veux aller courir et qu'il se met à pleuvoir, dis-toi : « Génial ! C'est l'occasion de développer ma puissance physique et ma force mentale. »

Pour apprendre à maîtriser cette habitude, expose-toi volontairement à des désagréments mineurs. Ainsi, tu te prépareras à mieux gérer les prochaines contrariétés similaires. Par exemple, arrive avec 15 minutes d'avance à un rendez-vous et imagine que ton interlocuteur est en retard. *Comment peux-tu contrôler ton impatience croissante ? Quel est le côté positif de la situation ?*

HABITUDE № 5 : NOURRIR SAINEMENT SON CORPS. MANGE PLEIN DE LÉGUMES.

La santé est l'une des choses les plus importantes dans la vie. Pourtant, peu de gens suivent le principe nutritif le plus fondamental, susceptible d'améliorer considérablement leur bien-être et, de ce fait, leur performance au quotidien dans tous les domaines de la vie.

Ce conseil est de manger des légumes tous les jours. Les légumes sont riches en nutriments, peu caloriques comparativement aux aliments transformés et sont plus rassasiants. Ils apportent de l'énergie à ton corps, t'aident à maintenir ton poids santé et réduisent les risques de problèmes de santé.

Manger 250 à 500 grammes de légumes par jour est une habitude d'une efficacité considérable qui améliorera ta santé et aura un impact positif dans d'autres domaines de ta vie.

HABITUDE N⒪ 6 : STIMULER SON ESPRIT. EXPRIME TA GRATITUDE.

Tu peux avoir des milliards et être malheureux s'il te manque un élément crucial : la gratitude. Les personnes qui apprécient ce qu'elles ont, même si c'est peu, sont plus heureuses et ont une vie plus épanouissante.

Cultiver une attitude positive renforce la volonté, car l'optimisme conditionne ton l'état d'esprit. *C'est toi qui choisis de sombrer dans des pensées négatives ou de remercier la vie même quand tout n'est pas rose.*

Chaque jour, prends une minute ou deux pour exprimer ta gratitude. En pratiquant cela assidûment, tu entraîneras ton cerveau à se recentrer sur ce qui va bien plutôt que sur ce qui va mal. Cela t'aidera à poursuivre tes objectifs et à persévérer malgré les obstacles rencontrés en chemin.

HABITUDE № 7 : DÉVELOPPER LA CONFIANCE EN SOI. ESSAIE DE PARLER EN PUBLIC.

Le moins que l'on puisse dire, c'est qu'il est très inconfortable de se retrouver devant un auditoire pour faire un discours. C'est pourquoi parler en public est un très bon exercice pour développer l'autodiscipline.

Cela t'apprend à garder ton sang-froid dans une situation stressante. Cela renforce le contrôle de tes émotions et t'aide à mieux gérer les tentations et les pulsions. *La prise de parole en public permet aussi de développer ta confiance et tes capacités de leadership.*

Cela a un fort impact sur ton autodiscipline, car tu réaliseras que le fait de sortir de ta zone de confort peut te rapporter gros.

Essaie de participer à un atelier de prise de parole en public ou de te porter volontaire pour animer une réunion au travail. *Idem dans ta vie privée : ne te défile pas devant une occasion de faire un discours devant tes amis ou ta famille.*

HABITUDE No 8 : DEVENIR UN PRODUCTEUR. PRODUIS PLUS QUE TU NE CONSOMMES.

Le travail exige de l'autodiscipline alors que la consommation est un plaisir. Les deux sont importants dans la vie, mais dans une optique de croissance et de bonheur, efforce-toi de produire bien plus que tu ne consommes. Cela a un effet non seulement sur tes finances, mais aussi sur ton épanouissement personnel.

Investis-toi au lieu de lésiner sur tes efforts. Fais profiter les autres de ton travail. Porte-toi volontaire pour être un leader. Organise des événements et des fêtes. Présente les gens les uns aux autres. Donne des conseils judicieux. Offre ton soutien.

Lorsque tu te concentres sur la création de valeur, tu deviens un pro de la valeur ajoutée et de la résolution de problèmes. Cela te donne la possibilité de devenir plus débrouillard, qualité qui t'aidera aussi à atteindre tes propres objectifs.

HABITUDE N⁰ 9 : VAINCRE LA PROCRASTINATION. FAIS-LE TOUT DE SUITE.

Si tu reportes toujours les tâches désagréables à plus tard, tu te conditionnes à privilégier les récompenses immédiates et insignifiantes. C'est exactement le contraire de ce dont tu as besoin pour devenir plus discipliné.

La procrastination te procurera du plaisir aujourd'hui au détriment de bénéfices plus importants demain. Par exemple, tu regardes ton émission de télé préférée ce soir, mais demain tu stresseras à mort en essayant de boucler à la dernière minute une présentation importante.

Chaque fois que tu te dis je le ferai plus tard, arrête ce que tu es en train de faire et mets-toi au travail. Aussi tentant que cela puisse paraître aujourd'hui, remettre les choses à plus tard garantit des désagréments à venir. Alors qu'au contraire, te débarrasser aujourd'hui des tâches fastidieuses te permettra de passer une bonne journée demain, agréable et positive.

HABITUDE №10 : METTRE DE L'ORDRE. FAIS TON LIT.

Dans son discours aux étudiants de l'Université du Texas à Austin en 2014, l'amiral William H. McRaven a déclaré : « Si vous faites votre lit chaque matin, vous aurez accompli la première tâche de la journée. Ceci vous donnera un petit sentiment de fierté qui vous encouragera à faire une autre tâche, puis une autre et encore une autre. À la fin de la journée, cette tâche que vous aurez accomplie se sera transformée en de nombreuses tâches achevées. »

Faire ton lit le matin t'aidera à devenir plus consciencieux. Tu te conditionneras ainsi à refuser la négligence et adopter des exigences élevées. Cela aura des répercussions sur ton comportement tout au long de la journée.

HABITUDE No 11 : ÉRADIQUER LA NÉGATIVITÉ. ARRÊTE DE TE PLAINDRE.

Se plaindre n'est rien d'autre que de la paresse mentale : au lieu de chasser tes pensées négatives improductives, tu choisis d'y céder. Cela ne change rien à la situation, et en plus, ça te sape le moral.

Chaque fois que tu commences à te plaindre, profites-en pour muscler ta volonté et concentre-toi sur quelque chose de positif. S'il pleut, réjouis-toi d'avoir un toit au-dessus de la tête. Si cela fait une demi-heure que tu attends ta commande au restaurant, dis-toi qu'au moins tu as la chance de pouvoir te le payer.

HABITUDE No 12 : APPRENDRE PAR LA PRATIQUE. LANCE–TOI UN GRAND DÉFI.

Les défis sont comme des outils de sculpteur pour façonner l'autodiscipline. Tout en travaillant à un grand objectif qui met à l'épreuve ta détermination dans un domaine précis, tu améliores ta discipline dans ce domaine-là, mais aussi dans d'autres domaines de ta vie.

Le succès engendre le succès. Chaque défi entrepris t'apprend des leçons qui t'aideront dans tes projets futurs. Lance-toi régulièrement un grand défi. En voici quelques exemples :

— courir/pédaler/nager/marcher, etc. sur une longue distance en cumulé pendant une période donnée, par exemple courir 1500 kilomètres en trois mois.

— effectuer x nombre total de mouvements ce mois-ci, par exemple 1000 pompes.

— récolter 40 000 euros cette année pour une association ou une œuvre de bienfaisance qui te tient à cœur.

— parler couramment une langue étrangère d'ici deux ans.

— acquérir une compétence difficile dans le cadre d'un projet à long terme.

032

HABITUDE No 13 : RESPECTER SES PROPRES RÈGLES.
DÉFINIS TES RÈGLES NON NÉGOCIABLES.

Discipline-toi en établissant les règles à n'enfreindre en aucune circonstance. Ces principes inviolables feront barrière aux décisions impulsives qui peuvent compromettre ton avenir.

Par exemple, une règle non négociable pourrait être de t'obliger à sortir de ta zone de confort. Chaque semaine, engage-toi à réaliser une activité qui te fait peur, t'impressionne, ou t'aide à progresser. Cette règle t'empêchera de te reposer sur tes lauriers et, par conséquent, de te ramollir dans ta quête d'autodiscipline.

Tout en établissant tes propres règles non négociables, évalue si tu vis en conformité avec ces principes inviolables. En cas d'incongruité, utilise-le comme une source de motivation pour réaligner ta vie sur tes principes fondamentaux.

Si l'une de ces règles non négociables consiste à faire le maximum pour bien t'occuper de ta famille, ne perdrais-tu pas tes quelques kilos en trop pour réussir à tenir cette promesse ?

Si l'un de tes principes moteurs consiste à privilégier les loisirs sur les biens matériels, n'aurais-tu pas intérêt à améliorer ta productivité pour pouvoir passer plus de temps avec tes proches ?

MES
RÈGLES

HABITUDE No 14 : S'INSPIRER AU QUOTIDIEN. CRÉE DES RAPPELS VISUELS QUOTIDIENS.

Renouveler chaque jour ton engagement envers tes objectifs est la clé d'une motivation inébranlable. Une des meilleures façons d'y parvenir consiste à utiliser des rappels visuels quotidiens : images, vidéos, citations, articles ou musique qui te rappellent pourquoi tu poursuis ton objectif.

Voici quelques idées :
1. Mets en fond d'écran une image qui représente l'avenir dont tu rêves.

2. Accroche une photo du résultat que tu vises dans un endroit où tu la verras plusieurs fois par jour (par exemple sur le frigo).

3. Imprime des images et des citations inspirantes et épingle-les sur un tableau en liège près de ton bureau.

4. Programme un rappel quotidien sur ton téléphone qui dit : « Je mange sainement », « Je suis positif quoi qu'il arrive », « Je prends des décisions bonnes pour mon avenir. »

5. Place un objet sur ta table de nuit qui te rappellera les choses auxquelles ton objectif va t'aider à échapper. Par exemple, une horloge t'incitera à développer ton entreprise en te rappelant que tu ne veux plus te réveiller avec une alarme.

SENTIR LES ROSES
NE PAS NOURRIR LE CHAT
ON NE MESURE PAS UN VRAI HÉROS PAR LA GRANDEUR DE SA FORCE, MAIS PAR LA FORCE DE SON CŒUR – HERCULE

HABITUDE No 15 : ÉLARGIR SES HORIZONS. LIS BEAUCOUP.

Si tu lis des interviews de gens célèbres qui ont réussi, tu constateras qu'ils ont tous un point commun : *ce sont de grands lecteurs.*

Qu'il s'agisse d'un roman, d'une autobiographie ou d'un guide pratique, la lecture élargit les horizons. *Grâce à d'autres points de vue, tu remets en question tes convictions existantes et tu modifies ta vision de la vie.*

De plus, lire régulièrement manifeste un désir d'éducation permanente, valeur que les personnes qui réussissent adoptent au quotidien.

Je te suggère vivement de lire des autobiographies de personnes que tu admires. C'est le moyen le plus simple de comprendre l'état d'esprit d'une personne que tu aimerais imiter et de mettre ses idées en pratique dans ta vie quotidienne.

Martin Meadows
LE GUIDE ILLU...
L'AUTODI...

HABITUDE No 16 : ÊTRE COURAGEUX. AFFRONTE TES PEURS.

Lorsque tu acceptes de ton plein gré d'affronter une peur, ta force de caractère s'étire tel un muscle, comme lorsque tu fais volontairement face à un désagrément mineur et que tu décides de rester calme malgré ton agacement. *Le fait de t'acclimater à l'inconfort, ici à la peur, te rend plus résilient face aux difficultés.*

Cerne tes peurs et affronte-les régulièrement pour développer ta volonté et ton courage. Pas question pour autant de te mettre en danger. Il ne s'agit pas de t'aventurer dans la forêt amazonienne pour vaincre ta phobie des serpents. *Trouve des moyens simples pour apprivoiser ta peur tout en restant dans un environnement sécurisé.*

HABITUDE No 17 : FAIRE DE LA FAIM SON ALLIÉE. PRATIQUE LE JEÛNE INTERMITTENT.

Le jeûne intermittent est une habitude alimentaire qui consiste à s'abstenir de manger pendant 14 à 16 heures minimum. C'est un exercice qui mettra à l'épreuve ta détermination en te plongeant dans une situation pénible que tu t'infliges à toi-même. *Il s'agit ici de tester ta volonté en t'exposant à la faim.*

En plus d'être un excellent exercice pour s'endurcir, le jeûne est une pratique saine, dont les nombreux avantages sont démontrés par les recherches scientifiques. *Le jeûne te rend également plus flexible dans la vie.* Si tu peux rester sans manger pendant une période prolongée, tu n'auras plus à organiser ta vie en fonction des heures des repas.

La façon la plus simple de pratiquer le jeûne intermittent est de sauter le petit déjeuner. Tu peux également arrêter de manger quelques heures avant de te coucher ou fixer un créneau, par exemple ne manger qu'entre 11 et 19 heures. Si tu es prêt à relever un plus grand défi, fais un jeûne de 24 heures ou plus.

HABITUDE No 18 : VAINCRE LES DISTRACTIONS. MÉDITE.

Dans le monde trépidant d'aujourd'hui, les sources de distraction abondent. Il est difficile de rester concentré. Pour aggraver les choses, s'en éloigner n'est pas facile quand on a un smartphone toujours à portée de main.

C'est là que la méditation peut t'aider. *Méditer consiste à se concentrer sur un seul objet.* Mais tu n'as pas besoin pour cela de t'asseoir en position de lotus ! Tu peux te concentrer sur ton souffle, la flamme d'une bougie, une incantation, frapper une balle de tennis, mettre un pied devant l'autre, t'entraîner dans une salle de boxe, grimper, surfer, danser le tango, écrire, peindre et toute autre activité exigeant toute ton attention pour la mener à bien.

En passant régulièrement du temps à méditer, tu amélioreras ta capacité de concentration. Contrôler ton esprit te permettra d'acquérir une plus grande discipline dans tous les domaines de ta vie.

HABITUDE №19 : ÊTRE HONNÊTE. DIS LA VÉRITÉ.

En faisant des choix faciles, on en tire souvent plus d'inconvénients que de bénéfices. Mentir en est un exemple, qui au début est un choix plus aisé que celui d'être honnête, mais qui, au final, coûte cher. *Une fois découvert, un mensonge détruit la confiance et parfois même la relation, tout ça parce que tu as choisi sans réfléchir de t'épargner un moment désagréable.*

Il est souvent pénible de dire la vérité, mais si tu le fais de manière courtoise, la plupart des gens apprécieront et admireront ta franchise. *Être honnête améliorera tes relations et t'aidera à contrôler la situation quand il s'agira de faire preuve d'autodiscipline dans un contexte social.*

HABITUDE No 20 : SE TENIR DROIT. ADOPTE UNE BONNE POSTURE.

Éliminer les mauvaises habitudes de ta vie quotidienne est un moyen simple de renforcer ta volonté. Une de ces mauvaises habitudes consiste à se tenir mal : être avachi sur une chaise, s'appuyer sur une jambe, avoir le dos voûté quand on travaille sur l'ordinateur, arrondir les épaules ou avoir un téléphone scotché à l'oreille.

Prends conscience de ta posture et corrige-la tout au long de la journée. ***En plus d'améliorer ta volonté, ton dos te remerciera.***

Pour te souvenir d'adopter une bonne posture, place un post-it à hauteur des yeux sur la porte de ta cuisine, de ta chambre ou des pièces où tu te rends régulièrement.

HABITUDE N͟o 21 : L'HUMEUR EST UN CHOIX. CONTRÔLE TON ÉTAT D'ESPRIT.

Ta physiologie affecte profondément ton état d'esprit.

Entraîne-toi maintenant : lève-toi, affiche un sourire éclatant et sautille sur place. Tu te sentiras revigoré et plus heureux. Maintenant, arrondis tes épaules, fronce les sourcils et fixe tes pieds du regard, le dos tendu. C'est moins facile d'être heureux dans cette position, non ?

Bien que tu ne puisses pas éliminer les événements négatifs de ta vie, tu peux contrôler ta réaction face à eux. Personne ne te force à te sentir mal. Les émotions négatives sont parfois utiles, mais elles ne doivent pas être la norme.

Utilise les états négatifs comme déclencheur pour travailler sur ton contrôle émotionnel. *Souris. Pense à des choses agréables.* Modifie ton langage corporel pour te sentir plus positif. Efforce-toi d'être une personne joyeuse et solidaire. Si tu aides les autres à se sentir bien, tu te sentiras bien aussi.

Écris une liste de choses que tu peux faire pour te sentir mieux. Quand tu te sens négatif, fais une chose qui te remonte le moral.

Remarque : si tu penses être dépressif, parles-en à un médecin. Ne reporte pas cela à plus tard. Prends rendez-vous maintenant. Tu peux te faire aider.

HABITUDE No 22 : SE DONNER PLUS D'ÉNERGIE. LÈVE-TOI DE BONNE HEURE.

En te levant tôt, tu améliores ta vie de deux façons. *D'abord, tu exerces ta volonté.* Il n'est pas si facile de faire preuve d'autodiscipline quand on est à moitié endormi. *Ensuite, en te levant de bonne heure, tu prends une longueur d'avance et cela t'aide à être plus productif.*

La veille au soir, prévois quelque chose d'excitant ou d'agréable à faire le lendemain matin. Si tu n'as pas une bonne raison de te lever, tu auras plus de mal à sortir du lit.

Prévois par exemple de déguster lentement une tasse de café ou de thé, de faire un jogging en écoutant ta musique préférée, d'apprendre un nouveau mot, de lire un livre de ton auteur préféré ou de bien travailler sur un projet passionnant.

Si tu n'es pas un lève-tôt, choisis une routine qui fonctionnera pour toi. *Se lever de bonne heure ne convient pas à tout le monde, mais tout le monde tire profit d'un horaire régulier et prévisible.*

HABITUDE No 23 : UN MAL POUR UN BIEN. PRENDS DES DOUCHES FROIDES

Si tu cherches un moyen simple de tester et de développer ta volonté, ne cherche pas plus loin que ta salle de bain. *Ouvre l'eau froide et goûte au plaisir de l'eau glacée qui frappe ton corps.*

En prenant une douche froide alors qu'il y a de l'eau chaude, tu t'imposes une situation inconfortable. Tu apprends ainsi à supporter des épreuves désagréables dans un environnement sûr, auxquelles tu mettras fin dès que cela deviendra trop pénible pour toi.

Cette habitude t'aidera à t'endurcir, à améliorer ta capacité à sourire et à supporter un désagrément intense de courte durée.

HABITUDE No 24 : LE FAIRE QUAND MÊME. EMBRASSE LA DIFFICULTÉ.

Dans son livre *Living with a Seal (Vivre avec un SEAL)*, Jesse Itzler cite les mots de son entraîneur, le US Marine David Goggins : *« Si ce n'est pas galère, on ne le fait pas. »*

Embrasser la difficulté est le contraire de ce que souhaite toute personne saine d'esprit, et pourtant, c'est l'élément clé qui différencie un individu discipliné d'un être sans volonté.

Face à un obstacle ou une difficulté, la réaction naturelle consiste à trouver des excuses pour y échapper. *Mais en fuyant les « galères », tu perds l'occasion de t'entraîner à mieux gérer les épreuves.*

Il est plus agréable et confortable de rechercher la facilité, mais ce sont les difficultés qui t'aident à grandir. Par exemple, courir quand il fait beau est un plaisir. *Mais courir quand il fait froid, quand il pleut, qu'il y a du vent ou autre, c'est ce qui forge ta personnalité.*

Quand tu vises à atteindre tes objectifs, ne crains pas d'affronter les difficultés. Elles t'apprendront beaucoup de choses. Parfois, une seule expérience ardue et pénible nous en apprend plus que plusieurs semaines où on choisit la voie de la facilité.

HABITUDE № 25 : BOOSTER SA DÉTERMINATION.
RECONNAIS TES PETITES VICTOIRES.

Si la détermination te permet de progresser vers tes objectifs, reconnaître tes victoires est le carburant de ton voyage. *Celui qui ne reconnaît pas ses petites victoires ne voit pas ses progrès et par conséquent, il manque de motivation pour continuer.*

Pas besoin de grandes victoires pour te féliciter d'un travail bien fait. En fait, la plupart du temps, ce sont les petits succès réguliers qui produisent les grandes réussites.

Si tu fais un régime, félicite-toi d'avoir mangé des légumes, bu un smoothie ou refusé un plat trop riche. Si tu désires améliorer ta situation financière, félicite-toi d'avoir économisé 10 euros aujourd'hui ou gagné 200 euros ce mois-ci grâce à un deuxième boulot.

Réjouis-toi de tes petites victoires quotidiennes. Et n'oublie pas de te féliciter à la fin de la semaine pour les efforts continus que tu fournis pour atteindre ton objectif.

HABITUDE N̲o̲ 26 : AVOIR L'ESPRIT OUVERT. SOIS CRÉATIF.

La pensée binaire (c'est noir ou c'est blanc) entrave ton pouvoir de faire des changements. Si tu crois que tu n'as que deux options, tu choisiras probablement de ne pas changer les choses. On sait ce qu'on perd, mais on ne sait pas ce qu'on va retrouver, comme dit le proverbe. Bousculer tes convictions en refusant de ne voir que deux options et en cherchant toujours une troisième voie te permettra de ne pas t'enfermer dans une pensée binaire limitante.

Par exemple, beaucoup de gens pensent qu'ils n'ont que deux possibilités quand il s'agit de réaliser un rêve entrepreneurial : créer leur entreprise et risquer de tout perdre ou garder le travail qu'ils détestent et renoncer à leur projet d'entreprise.

Prenons maintenant une personne qui refuse la pensée binaire. Il se trouve qu'elle a plus de deux options : elle peut conserver son emploi tout en travaillant sur son entreprise le matin, s'associer à un partenaire pour partager les responsabilités, demander à son patron de travailler à temps partiel ou en vacataire, rechercher du capital-risque afin de pouvoir commencer avec des ressources adéquates, etc.

Résiste à la paresse. Il y a toujours une troisième possibilité, et souvent même une quatrième, une cinquième ou une sixième.

HABITUDE N⁰ 27 : FAIRE DE LA PLACE POUR L'UTILE. DÉSENCOMBRE TON ESPACE.

Le désordre est non seulement déplaisant à regarder, mais il affecte également ton pouvoir de concentration. Le rangement exige de l'autodiscipline, ce qui te donne l'occasion de muscler ta volonté. *C'est également un moyen fantastique de pour te libérer l'esprit d'éventuelles distractions et te recentrer sur l'essentiel.*

Donne les vêtements que tu ne mets plus, les appareils que tu n'utilises pas et jette les choses dont tu aurais dû te débarrasser depuis longtemps, comme les vieux cartons ou les produits périmés. *Fais également du rangement dans ton paysage électronique.* Ne laisse pas des dizaines d'onglets ouverts dans ton navigateur. Ne rajoute pas une énième icône sur ton bureau. N'installe pas les dernières applis à la mode sur ton téléphone.

Identifie les objets qui sont peu utiles dans ta vie et réduis-les au strict minimum. Par exemple, si tu ne te soucies pas vraiment de ta tenue, limite ta garde-robe et fais don des vêtements que tu mets rarement.

Empêche le désordre de revenir en procédant à une évaluation rapide chaque semaine et en te débarrassant régulièrement des objets dont tu n'as plus besoin.

HABITUDE № 28 : GARDER SON ÉLAN. FAIS TOUJOURS UN PAS EN AVANT.

Le plus dur, c'est de démarrer. Une fois que la machine est en marche, continue de faire tourner le moteur. Prends l'habitude de faire, quoi qu'il arrive, au moins une petite action qui te rapproche de ton objectif. Il ne faut pas rêver, tu ne seras pas toujours au top de ta forme, mais tu peux toujours faire un petit quelque chose pour réaffirmer ton engagement.

Par exemple, si tu n'as pas envie de faire du sport, oblige-toi à effectuer un exercice d'une minute et ensuite ce sera fini. Même si tu n'en fais pas plus aujourd'hui, tu auras tout de même fait un petit pas en avant et tu garderas ton élan. *Grâce à cela, tu ne te lèveras pas demain en te disant : « Puisque je n'ai pas fait de sport hier, je peux très bien ne pas en faire aujourd'hui ».*

HABITUDE No 29 : OPTIMISER SON NIVEAU D'ÉNERGIE. LIMITE LA CAFÉINE.

La caféine est une aubaine pour les fonceurs. Malheureusement, il y a un revers à la médaille. Tu ne peux pas en permanence maintenir artificiellement un niveau d'énergie élevé. *La caféine peut être utile si tu as besoin d'une dose supplémentaire d'énergie, mais si tu en consommes toute la journée par habitude, ça crée chez toi une dépendance.* Au lieu de t'apporter de l'énergie, la caféine devient alors une substance que tu dois consommer pour ne pas t'écrouler.

Un excès de caféine entraîne des maux de tête, de l'irritabilité, de l'agitation et de la nervosité, états qui ne favorisent pas l'autodiscipline. Pour aggraver les choses, prendre de la caféine six heures avant de se coucher nuit à la qualité de ton sommeil, ce qui te rend encore plus fatigué le lendemain.

La caféine est-elle un poison à bannir de ta vie ? Bien sûr que non. Aurais-tu des avantages à limiter ta consommation de caféine ? Absolument.

Essaie de remplacer le café par une tisane ou une boisson décaféinée comme la chicorée. *Arrête complètement de boire des boissons énergisantes qui, contrairement au café, n'apportent aucun bienfait et représentent un grand risque pour ta santé.*

CAFÉ
THÉ
63

HABITUDE No 30 : DEVENIR PLUS FORT. REPOUSSE TES LIMITES PHYSIQUES.

Une activité physique régulière est l'une des habitudes les plus efficaces, non seulement parce qu'elle est cruciale pour la santé, mais aussi parce que c'est une excellente occasion de mettre ta volonté à l'épreuve.

Chaque fois que tu effectues un exercice physique difficile et pénible, tu repousses tes limites. En repoussant constamment tes limites physiques, tu développes non seulement ta force physique, mais également ta force mentale.

Repousse progressivement tes limites durant tes séances d'entraînement régulières. De temps en temps, repousse tes limites, sans te mettre en danger, à un niveau plus extrême. On parle bien de « tes limites ». *Ne te compare pas aux autres.* Ce n'est pas grave si tu n'arrives pas à courir plus de deux minutes alors que d'autres courent pendant des heures. *Ne rivalise qu'avec toi-même.*

POUSSE

HABITUDE No 31 : L'EFFORT EST PAYANT. HABILLE-TOI BIEN.

Bien s'habiller est une notion qui semble appartenir au passé. Dans le monde égalitaire d'aujourd'hui, nous devrions juger les individus en fonction de leur comportement et non de leur tenue vestimentaire. C'est la logique même, pourtant cela ne change pas le fait qu'une personne bien habillée crée une meilleure impression qu'une personne négligée.

S'habiller convenablement est souvent moins confortable que porter une tenue décontractée. Cependant, comme on l'a déjà vu, un peu d'inconfort en vaut souvent la peine. Une personne bien habillée fait une meilleure première impression, a l'air plus professionnelle, plus séduisante et plus assurée. Ton apparence peut avoir un impact important sur ton pouvoir personnel.

Est-ce que cela veut dire que tu dois porter un costume ou un tailleur tous les jours ? Soyons réalistes : tu ne le feras pas et ce n'est pas nécessaire. Dois-tu faire l'effort de paraître sous ton meilleur jour, quitte à te sentir bizarre, quand tu as un rendez-vous ou une réunion importante, ou besoin d'un regain de confiance en toi ? Si tu veux vraiment faire bonne impression, la réponse est évidente.

HABITUDE No 32 : ÊTRE ÉQUILIBRÉ. TRAVAILLE TES POINTS FAIBLES

Lorsque tu exploites un de tes points forts, tu es en confiance. Tu fais ce que tu sais faire, et un travail rondement mené procure toujours un sentiment de satisfaction. À l'inverse, quand tu travailles sur un de tes points faibles, tu ne te sens pas à l'aise. Tu ressens de la frustration et les défis te semblent insurmontables.

Tu peux progresser en effectuant régulièrement des tâches pour lesquelles tu n'es pas doué. Efforce-toi de ne pas laisser tomber malgré les obstacles apparemment insurmontables. *Tu développeras ainsi ta patience au lieu de t'énerver.* Tu deviendras quelqu'un d'équilibré.

Fais une liste de tes points faibles. Demande-toi lequel améliorerait vraiment ta vie si tu devenais plus compétent dans ce domaine. Chaque mois ou chaque trimestre, choisis-en un sur lequel travailler.

HABITUDE № 33 : RÉTABLIR L'ÉQUILIBRE. CONNECTE-TOI À LA NATURE.

On cherche toujours des moyens d'améliorer sa discipline, son énergie et son efficacité. Pourtant, on a parfois juste besoin du contraire. Ce qu'il nous faut, c'est rétablir l'équilibre : en faire moins et retrouver notre place dans la nature.

Passer régulièrement du temps dans un cadre naturel – un parc, une plage, la montagne, le désert, la forêt, la jungle, la mer, un lac ou l'océan – est l'un des meilleurs moyens de se ressourcer. *Cela t'aidera à renforcer ton mental et à être performant sur la durée.*

La vie urbaine trépidante présente un risque de se perdre, de s'épuiser nerveusement et de faire un burn-out. Recharge tes batteries régulièrement en passant une ou deux heures au calme dans un cadre naturel et ressourçant.

HABITUDE No 34 : S'ASSURER D'ÊTRE SUR LA BONNE VOIE. RÉVISE TA TRAJECTOIRE.

L'autodiscipline est un outil qui peut t'aider à atteindre tes objectifs. Cependant, il n'est utile que si tu l'appliques aux bons objectifs.

T'entêter aveuglement à poursuivre des objectifs qui ne t'intéressent plus est une perte de temps. Pire, si tu ne réfléchis pas régulièrement à l'orientation à donner à ta vie, des objectifs mineurs risquent de te priver de ressources que tu devrais affecter à d'autres aspects plus essentiels de ton existence.

Par exemple, dans une quête aveugle pour gagner plus d'argent, tu pourrais sacrifier tes amitiés et tes amours, qui pourtant ont plus de valeur dans ta vie.

Réviser périodiquement ta trajectoire est une mesure préventive pour vérifier qu'il n'existe pas un décalage entre ton style de vie et tes valeurs. Demande-toi sites objectifs sont encore valables. *Évalue si tes habitudes quotidiennes correspondent bien à l'orientation que tu veux prendre.*

HABITUDE № 35 : SIMPLIFIER LES CHOSES. VA À L'ESSENTIEL.

Décrit en détail dans le livre de Gary Keller et Jay Papasan, Passez à l'essentiel ! Comment réussir tout ce que vous entreprenez : la méthode *THE ONE THING*, le fait de définir et de concentrer tes ressources sur « *l'essentiel* » revient à répondre à la question suivante : « *Quelle est la seule et unique chose que je peux faire, qui rendra tout le reste plus facile, voire inutile ?* »

Les habitudes visant à l'autodiscipline ne se limitent pas seulement à acquérir plus d'autodiscipline, mais aussi à optimiser son utilisation. Te concentrer sur l'activité la plus transformatrice exigera moins d'efforts. Lorsque tu te fixes un objectif, définis le point essentiel et efforce-toi d'être plus efficace et performant tout en en faisant moins.

1.

HABITUDE №_ 36 : CRÉER UN RÉSEAU D'HABITUDES. DÉVELOPPE DES LIENS DE MOTIVATION.

Un lien de motivation est un pont reliant une nouvelle habitude à ton style de vie : les valeurs, les activités, les personnes, les habitudes existantes, etc. *En développant des liens de motivation pour chaque nouvelle habitude, tu crées un réseau solide d'habitudes qui se renforce tout seul.*

Par exemple, tu peux adopter une nouvelle habitude, comme faire des étirements après t'être brossé les dents le matin. *Ainsi, chaque fois que tu te brosseras les dents, tu te souviendras de faire tes étirements.*

Un autre exemple de lien de motivation consiste à lier une nouvelle habitude à une de tes passions. Tu peux prendre conscience des bénéfices qu'une nouvelle habitude a sur ta passion, par exemple une alimentation saine qui améliore tes performances au tennis. Tu peux également associer ta passion à une nouvelle habitude, comme écouter des podcasts culturels pendant que tu fais ton jogging.

Enfin, tu peux développer un lien de motivation en associant une nouvelle habitude à une personne particulière. Tu peux adopter une nouvelle habitude avec ton mari ou ta femme, un ami ou un proche, ou associer ta nouvelle habitude à l'impact positif qu'elle aura sur cette personne. Par exemple, l'habitude d'économiser 10 % de ton salaire par mois profitera à toute ta famille. En établissant un lien précis entre économiser de l'argent et prendre soin de ta famille, tu peux créer une motivation stimulante pour encourager cette nouvelle habitude.

HABITUDE № 37 : ACCEPTER LA PRESSION SOCIALE. FAIS-TOI DE NOUVEAUX AMIS.

Les travaux d'Albert Bandura sur la théorie de l'apprentissage social ont montré qu'il est possible d'acquérir de nouveaux comportements en observant et en imitant les autres.

En t'entourant de personnes présentant les caractéristiques que tu souhaites développer chez toi, tu crées un raccourci dont tu peux profiter pour atteindre tes objectifs plus rapidement. Lorsque tu deviens ami avec des personnes qui ont des objectifs similaires aux tiens, tu as besoin de moins d'autodiscipline pour changer, car tu adoptes les bons comportements par le biais d'une simple exposition sociale.

Par exemple, si tu vas à la salle de sport et que tu deviens ami avec des personnes qui y vont souvent, il te sera plus facile de conserver cette habitude et d'adhérer à des valeurs qui amélioreront ta forme physique et ta santé.

Comme nous avons tendance à copier les comportements, convictions et habitudes des personnes proches de nous, nous devons choisir avec soin notre entourage immédiat. *Veille à ce que ton entourage ait une bonne influence sur toi.*

HABITUDE N⁰ 38 : SE SENTIR MIEUX. EXPOSE-TOI AU SOLEIL.

La vitamine D, hormone produite par l'organisme lorsqu'il est exposé au soleil, améliore la santé des os, protège de certains cancers et a un impact positif sur les organes, les muscles, les maladies auto-immunes et le cerveau. Elle augmente également le sentiment de bien-être, aide les personnes souffrant de dépression saisonnière et soulage le syndrome prémenstruel.

On sait très bien que s'exposer longtemps au soleil sans protection est dangereux. Les médecins conseillent d'éviter de sortir entre 11 h et 15 h et toujours mettre de la crème solaire.

Malheureusement, l'angle du soleil avant 11 h et après 15 h est trop bas pour que ton organisme synthétise la vitamine D. Mettre de la crème solaire tout le temps diminue de plus de 90 % la capacité du corps à synthétiser la vitamine D. De ce fait, de nombreuses personnes souffrent d'une carence en cette vitamine essentielle.

Certains compléments nutritionnels peuvent aider, mais ils n'ont pas les mêmes effets que le soleil. *Le meilleur moyen de produire suffisamment de vitamine D est de s'exposer au moins une heure par semaine au soleil, sans protection, entre 11 h et 15 h.*

En t'exposant régulièrement au soleil pour obtenir un niveau optimal de vitamine D, ce qui est d'une importance capitale, tu amélioreras ton humeur, ta santé et, par extension, tu auras plus de succès.

HABITUDE No 39 : LEVER LE PIED. PRENDS QUELQUES JOURS DE CONGÉ.

Le repos est tout aussi important que le travail. Si tu es épuisé, tu ne pourras rien faire de constructif. Veiller à ce que ton corps et ton esprit récupèrent est essentiel pour atteindre tes objectifs.

Définis-toi des périodes de repos régulières : un moment réservé à toi et à toi seul. Utilise ce temps pour faire de la méditation, une sieste, écouter de la musique, te promener, lire, ou toute autre activité relaxante.

Après chaque période de travail assidu, consacre un temps plus long à la récupération. Alterne les périodes difficiles et les périodes de récupération pour recharger tes batteries.

Martin Meadows
GUIDE ILLUSTRÉ DE L'AUTODISCIPLINE
50 habitudes pour parvenir à une meilleure maîtrise de soi, réussite et satisfaction dans la vie

HABITUDE N⁰ 40 : RENFORCER SA MOTIVATION. UTILISE PLUSIEURS FACTEURS DE MOTIVATION.

Lorsque tu te fixes de nouveaux objectifs, est-ce que tu passes beaucoup de temps à déterminer tes principaux facteurs de motivation ou fais-tu cela instinctivement, en supposant que si tu es motivé pour agir maintenant, tu le seras également plus tard ? Dans le cas où tu détermines tes motivations, te limites-tu à des raisons superficielles (l'argent, la beauté physique, etc.) ou réfléchis-tu aussi aux bienfaits intérieurs que tu peux en tirer ?

Pour chaque nouvel objectif fixé, ne te contente pas de la première raison qui te vient à l'esprit. Un facteur de motivation supplémentaire peut faire ou défaire tes résolutions. Dans les moments de doute, tu auras besoin de toute l'aide possible pour persévérer. Si ton principal ou unique facteur de motivation a pour but d'impressionner quelqu'un, ça pose un problème.

Note par écrit tes facteurs de motivation : récompenses extérieures, récompenses intérieures et impact positif sur les autres. *Relis-les régulièrement pour te rappeler les raisons pour lesquelles tu fais des sacrifices.*

Pour maximiser tes efforts, tu peux mobiliser d'autres personnes autour de ton objectif. Par exemple, rends publique ta volonté de perdre du poids en participant à un marathon et en collectant des fonds pour une cause qui te tient à cœur.

SANS
SUCRE

HABITUDE № 41 : CRÉER UN SENTIMENT D'URGENCE. FIXE-TOI DES DÉLAIS COURTS.

Selon la loi de Parkinson, tout travail administratif augmente jusqu'à occuper entièrement le temps qui lui est affecté. Si tu dois préparer un rapport pour lundi prochain, il te faudra exactement jusqu'à lundi prochain pour le faire. Si soudainement tout doit être prêt pour vendredi, tu pourras le livrer vendredi.

La création d'un sentiment d'urgence stimule l'autodiscipline, parce qu'en t'imposant un délai pour effectuer une tâche donnée, tu ne peux pas te permettre de lambiner. Tu ne peux pas tergiverser. *Tu ne peux pas t'arrêter à des détails sans importance.*

Lorsque tu planifies des tâches, fixe-toi des délais plus courts que prévu. Comme ça, tu exploiteras toute la puissance de l'urgence pour améliorer ta productivité et renforcer ton autodiscipline. Sache toutefois qu'une pression excessive peut entraîner un surmenage, alors lève le pied de temps en temps.

1. HELPING PROCESS
2. PEOPLES PROGRESS
3. HOPE

HABITUDE No 42 : SE MOTIVER À AGIR TOUT DE SUITE. PENSE À TA MORT.

La prochaine fois que tu seras en public, regarde autour de toi. À moins qu'un génie invente une technologie extraordinaire, toutes les personnes de l'assistance auront disparu dans 150 ans pour être remplacées par d'autres.

Pourquoi suis-je si morbide ? Parce que cet exercice peut t'aider à mieux vivre.

Tu peux être triste en pensant à ta mort ou bien t'en servir pour te rappeler avec joie que tu contrôles le déroulement de ta vie.

Un jour, tout sera fini, alors pendant que tu peux encore influencer ta vie, pourquoi ne pas en tirer le meilleur parti ? Penser de temps en temps à ta propre mort peut t'inciter à vaincre la procrastination et introduire un sentiment positif d'urgence dans ta vie.

Tu peux utiliser ce type de visualisation pour apprécier encore plus la vie. *Même si tout n'est pas rose, tu es vivant et tu as encore ton mot à dire sur ton avenir.*

Autre exercice : imagine tes propres funérailles et demande-toi ce que tu voudrais que les autres disent à ton sujet. Tes choix actuels vont-ils dans cette direction ou ailleurs ? *Que peux-tu faire aujourd'hui pour laisser une trace pérenne ?*

RIP

HABITUDE No 43 : PROFITER DU VOYAGE. AMUSE-TOI.

Poursuivre tes objectifs ne doit pas être une corvée. Ce ne sera pas toujours une partie de plaisir, mais en rendant les choses plus agréables, tu auras besoin de moins t'autodiscipliner pour atteindre tes objectifs.

Si tu effectues une tâche ennuyeuse et répétitive, joue à un jeu dans lequel l'objectif est d'accomplir la tâche aussi rapidement que possible. Si tu souhaites faire du sport plus souvent, ne te limite pas aux choix les plus courants, explore différents sports et activités. *Tu prendras plus de plaisir en les faisant avec d'autres personnes.*

Expérimente et mélange les genres pour éperonner ta motivation et éviter de t'enferrer dans la routine. Manger sainement ne veut pas dire manger toujours les mêmes plats. Épargner n'est pas synonyme de se priver. *Acquérir une nouvelle compétence ne signifie pas nécessairement lire des ouvrages ennuyeux et apprendre par cœur.*

Tout ce que tu peux faire pour rendre le processus plus agréable vaut la peine d'être essayé. Moins tu dépendras de la volonté pour réaliser tes objectifs, plus il te sera facile de les atteindre.

HABITUDE No 44 : ENREGISTRER SES CONNAISSANCES. TIENS UN JOURNAL DE BORD DE TES PROGRÈS.

Tenir un journal de bord de tes progrès en notant tes observations et tes conclusions, et en le consultant régulièrement, t'aidera à apprendre plus efficacement et à éviter de répéter tes erreurs.

Ce genre de journal de bord est très efficace pour les régimes alimentaires. Tu peux noter quel genre de repas t'a rassasié, quels aliments malsains t'ont fait culpabiliser, ou tout autre conseil utile qui t'aidera à continuer le régime.

Tu peux également tenir un journal de tes séances d'entraînement, un journal pour lutter contre une mauvaise habitude, un journal de tes horaires de sommeil ou un journal des compétences que tu souhaites acquérir. *Documente tes résultats et reviens fréquemment sur les jours précédents pour mémoriser les leçons importantes et puiser la motivation de continuer.*

HAPPY LIFe
MONDAY 21. AVG
FUCGC

HABITUDE № 45 : ÊTRE FIABLE. TIENS TES PROMESSES.

Si tu ne tiens pas tes promesses, non seulement tu perdras la confiance des autres, mais aussi la tienne. *Si tu n'honores pas les promesses faites à autrui, dans quelle mesure pourras-tu honorer celles que tu t'es faites ?*

Ne pas tenir parole diminue la confiance en soi et réduit les chances d'atteindre ses objectifs. *Tiens toutes tes promesses que tu fais aux autres ou à toi-même.*

Par exemple, si tu t'es promis de ne pas manger d'aliments transformés aujourd'hui, eh bien, même si tu en as envie, respecte ta promesse. En te fixant de nouveaux objectifs, rédige et imprime les contrats que tu passes avec toi-même. Signe-les et conserve-les dans un endroit où tu pourras les consulter. Sois ponctuel ; la ponctualité est également une façon de tenir ses promesses.

En respectant les promesses faites à toi-même et aux autres, tu deviendras une personne fiable et, de ce fait, disciplinée.

HABITUDE N⁰ 46 : ÊTRE SOUPLE. ÉTIRE-TOI ET BOUGE.

Il existe une correspondance entre les étirements, les exercices de mobilité et l'autodiscipline. Il faut de la volonté pour se plier à un exercice d'étirement inconfortable et, de façon constante et au fil des semaines, améliorer sa mobilité. En travaillant ta souplesse, tu repousses tes limites physiques, tu rétablis un bon équilibre corporel et tu renforces ton mental.

Utiliser un rouleau de massage pour appliquer une pression sur certaines parties du corps et soulager les tensions et la douleur est une habitude à inclure dans ton programme. Il suffit d'une simple ou double balle de massage Lacrosse pour masser efficacement les muscles les plus importants du corps.

Le moyen le plus simple de prendre l'habitude de s'étirer et de faire des exercices de mobilité est de l'enchaîner immédiatement après tes exercices sportifs quotidiens. Si tu es particulièrement tendu, consulte un kinésithérapeute qui pourra habilement soulager les tensions que tu pourrais avoir du mal à éliminer par tout seul.

HABITUDE No 47 : NE PAS HÉSITER. TRANCHE.

Chaque fois que tu hésites, tu perds du temps et de l'énergie. Pour éviter de gaspiller tes ressources, prends l'habitude de ne pas passer plus d'une minute sur des décisions sans importance.

Exerce-toi à prendre des décisions dans des situations de la vie quotidienne. Par exemple, au restaurant, prends le premier plat qui te fait envie. Ne passe pas des heures à choisir tes vêtements. Prépare quelques tenues passe-partout et enfile la première qui te plaît. En achetant un article anodin, comme des serviettes en papier, ne perds pas ton temps à comparer plusieurs paquets.

Établis des règles simples qui éliminent le processus de décision. Par exemple, si un livre qui semble intéressant et dont les critiques sont positives coûte moins de 10 euros, achetez-le sans hésiter.

Gagne du temps et de l'énergie sur les décisions qui ne changent pas grand-chose et tu auras plus de ressources à ta disposition pour prendre les décisions importantes.

MENU

HABITUDE No 48 : AVANCER À PETITS PAS. DÉVELOPPE DES MINI-HABITUDES.

Teste des mini-habitudes pour tâter le terrain avant d'engager un grand bouleversement. Il n'est pas nécessaire de modifier brutalement ton régime alimentaire. *Tu peux commencer doucement, voir comment tu te sens et, si tu aimes les résultats, continuer.*

Imaginons que tu souhaites faire 30 minutes de sport par jour. Cela fait des mois que tu traînes les pieds pour t'y mettre. Tu manques de temps et d'énergie.

Au lieu de te lancer tout de suite dans une habitude contraignante, commence par une mini-habitude. Tu peux faire de l'exercice cinq minutes par jour. C'est encore trop ? Pourquoi pas une minute ? Tu peux faire ça, non ? Si c'est encore trop difficile, pourquoi pas 30 secondes ?

Ton seul objectif est de commencer. *Quelle que soit la durée de l'exercice, au moins, tu auras commencé, et c'est une chose qui ne se produira peut*-être jamais si tu attends toujours que les bonnes conditions se présentent pour faire le premier pas vers ton objectif initial.

Une fois que tu auras adopté une mini-habitude pendant quelques semaines, tu réaliseras que tu peux probablement ajouter quelques minutes à chaque séance. Très vite, tu te retrouveras à faire dix minutes de sport par jour. Puis tu réaliseras qu'il est possible d'en faire vingt minutes. Même si cela te prend plusieurs mois, tu finiras par adopter l'habitude initiale.

HABITUDE №49 : APPRENDRE À CONTRÔLER SES ÉMOTIONS. ACCEPTE LE DÉSACCORD.

L'un des défis les plus difficiles en matière de volonté, c'est de mettre un terme à un débat houleux avant qu'il ne dégénère. On peut comprendre que sur certains sujets, les gens sont prêts à tout pour convaincre les autres. Malheureusement, cette approche ne porte jamais ses fruits. *Tu as beau avoir raison, peu importe tes arguments, tu ne pourras pas changer l'opinion d'autrui par la force.*

Et puis si un combat perdu d'avance, à quoi bon t'acharner ? *Quand tu te retrouves au milieu d'une dispute, arrête-toi une seconde et pose-toi cette question : pourquoi me battre ?* Est-ce que je changerais d'avis si quelqu'un m'attaquait de cette façon ?

Respire un bon coup et accepte de ne pas être d'accord. Si l'autre s'énerve, insiste poliment pour changer de sujet. Si cela échoue, reste calme et va-t'en.

La capacité de contrôler tes émotions est l'une des qualités les plus précieuses à développer pour vivre plus heureux. À partir de maintenant, considère toute dispute comme une occasion de sortir par le haut, et mets-y un terme aimablement en contrôlant tes émotions. Ta réputation sera indemne et ton autodiscipline renforcée.

HABITUDE No 50 : CRÉER TON PROPRE AVENIR. VISUALISE.

Pour qu'une chose se réalise, tu dois y croire. Visualiser ton avenir transforme un rêve improbable en une image mentale claire qui deviendra réalité si tu persévères.

Chaque matin, visualise-toi comme une personne ayant atteint ses objectifs. Imagine à quoi ressemble ta vie quotidienne. Pense aux décisions et aux sacrifices que ton « futur toi » a faits pour arriver là où il est. Visualise ses habitudes, les qualités qu'il possède et les caractéristiques qu'il présente.

Rends cette vision réelle dans ton esprit et nourris-la par des actions concrètes. La visualisation t'aidera à renforcer la conviction que tu peux changer ta vie et t'éclairera sur les choix à faire pour arriver à bon port.

ÉPILOGUE

Cinquante habitudes plus tard, nous voici arrivés à la fin de notre voyage. Mais si ce livre s'achève, sache que ton histoire ne fait que commencer. Tu peux lui faire prendre la direction que tu souhaites.

J'espère que non seulement tu as trouvé des idées qui t'aideront à améliorer ta vie, mais que tu as également apprécié les illustrations et qu'elles t'inciteront à passer à l'acte.

Merci de contribuer à diffuser le message sur le pouvoir de l'autodiscipline. Il peut changer des vies.

Montre ce livre à ta famille et tes amis. Discute de l'importance de l'autodiscipline avec tes enfants. Donne l'exemple et efforce-toi d'être meilleur dans tous les domaines de ta vie.

Habitude par habitude, tu traceras ton chemin dans le monde. Prouve par tes propres résultats que l'autodiscipline est la clé d'une vie épanouissante et réussie. N'oublie pas d'exprimer ta gratitude et de prendre plaisir à évoluer. C'est un processus sans fin !

INSCRIS-TOI À MA NEWSLETTER

Si tu souhaites recevoir l'actualité de mes publications et autre information sur mes livres, inscris-toi à ma newsletter en cliquant sur ce lien :

https://www.profoundselfimprovement.com/frnews

TON AVIS EST IMPORTANT

J'adorerais connaître ton opinion sur mon livre. Rien ne compte plus pour un auteur que les avis sincères de ses lecteurs.

Ton avis aidera les lecteurs potentiels à savoir si mon livre est fait pour eux. Cela m'aidera aussi à toucher plus de lecteurs en améliorant la visibilité de mon livre.

Tu peux publier ton avis sur le site où tu as acheté ce livre ou bien partager ton opinion à son sujet sur les réseaux sociaux que tu fréquentes.

À PROPOS DE MARTIN MEADOWS

Martin Meadows est un auteur de best-sellers sur le développement personnel. Il écrit sur l'autodiscipline et son pouvoir transformateur afin de t'aider à réussir et à t'épanouir dans ta vie. Par son approche directe, il partage avec passion des astuces, des habitudes et des ressources favorisant le progrès individuel, en mêlant recherches scientifiques et expériences personnelles.

En développant la maîtrise de soi, Martin a surmonté sa timidité extrême, créé des entreprises florissantes, appris plusieurs langues, est devenu un auteur à succès, et plus encore. Grâce à sa soif de connaissances, il explore sans cesse les limites de sa zone de confort en s'engageant dans des expériences et des aventures souvent extrêmes et sportives, qui le mènent dans des lieux sauvages ou exotiques.

Martin utilise un nom de plume. Ça lui permet de se consacrer pleinement à servir ses lecteurs sans se laisser distraire par la notoriété. Il ne veut pas qu'on le prenne pour un expert infaillible (ce qu'il n'est pas), préférant proposer des suggestions et des solutions en tant qu'expérimentateur en développement personnel, avec les échecs et succès qui en découlent.

Illustrations de Tamara Antonijevic.

Traduit de l'anglais par Marie-Alice Baker.